Feelings
Las Emociones

ecstatic
extático

thrilled
encantado

enthusiastic
entusiasta

excited
emocionado

by Mary Berendes • illustrated by Kathleen Petelinsek

childsworld.com

Published by The Child's World®
800-599-READ • childsworld.com

Copyright © 2024 by The Child's World®
All rights reserved. No part of this book may be reproduced or utilized in any form or by any means without written permission from the publisher.

Language Adviser
Ariel Strichartz

ISBN Information
9781503884892 (Reinforced Library Binding)
9781503885974 (Portable Document Format)
9781503886612 (Online Multi-user eBook)
9781503887251 (Electronic Publication)

LCCN
2023937289

Printed in the United States of America

A Note from the Publisher:
In general, descriptive words in Spanish end in "o" when referring to males, and in "a" when referring to females. The words in this book reflect their corresponding illustrations.

About the Author
Mary Berendes has authored more than 75 books for children, including nature titles as well as books about parables, fables, countries, and holidays. Mary loves collecting antique books and playing the piano when her twin children allow her some free time. She lives with her family in Minnesota.

About the Illustrator
Kathleen Petelinsek has loved to read and draw since she was a child. As an adult, she has illustrated well over 100 books for children. She also loves animals. Kathleen and her husband live in Wisconsin with their two dogs, one cat, and three chickens.

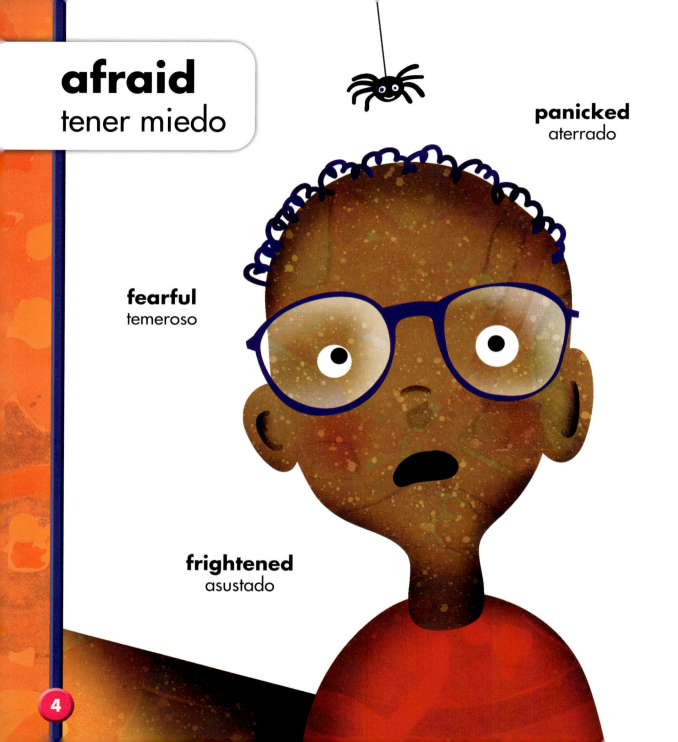

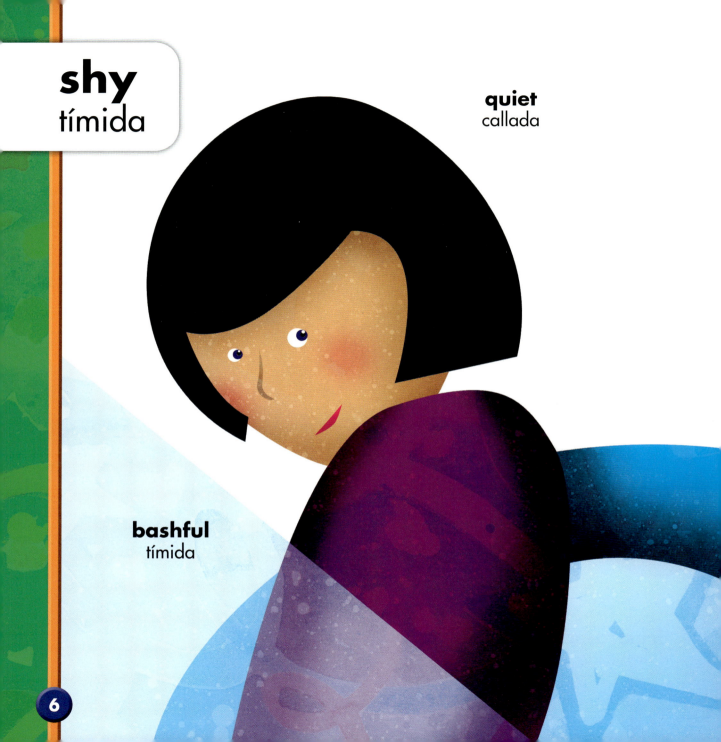

shy
tímida

quiet
callada

bashful
tímida

sad
triste

cry
llorar

tears
las lágrimas

upset
trastornada

sorry
arrepentida

to apologize
pedir perdón

sleepy
tener sueño

to yawn
bostezar

drowsy
soñolienta

tired
cansada

exhausted
agotada

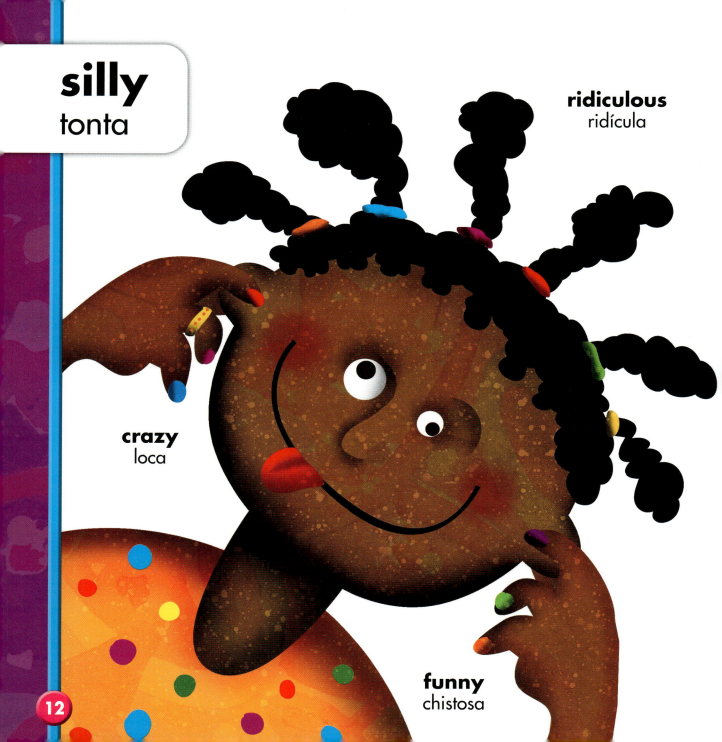

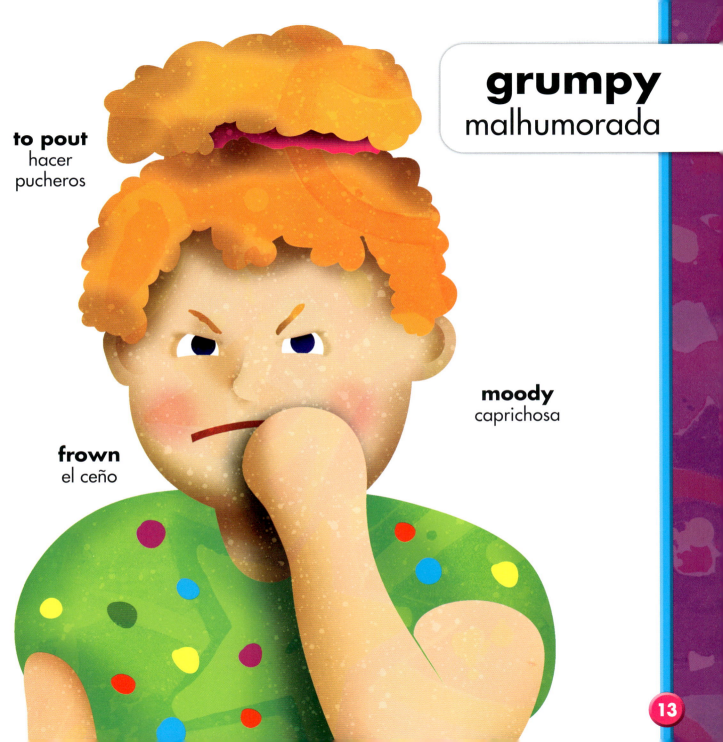

grumpy
malhumorada

to pout
hacer pucheros

frown
el ceño

moody
caprichosa

hungry
tener hambre

famished
muerto de hambre

starving
hambriento

satisfied
satisfecho

content
contento

happy
feliz

surprised
sorprendido

shocked
atónito

alarmed
aturdido

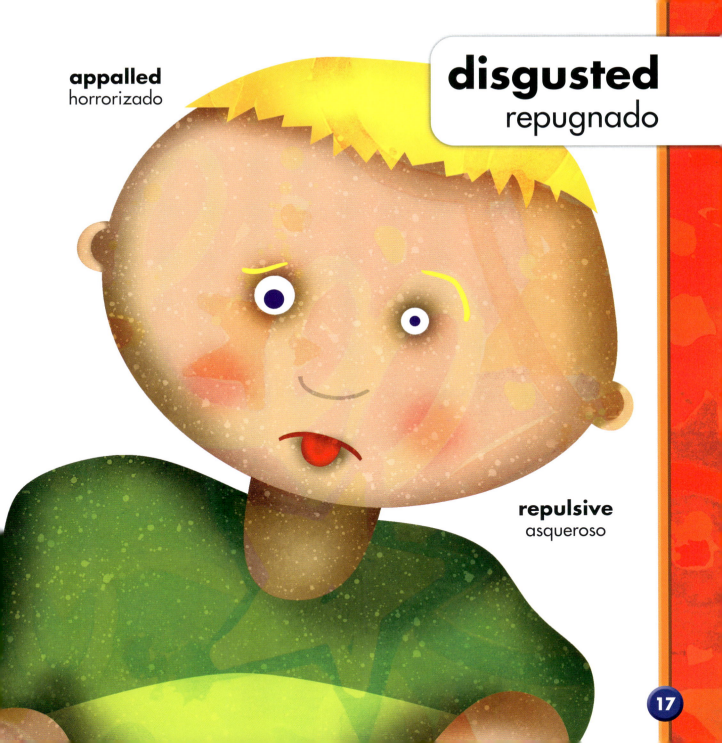

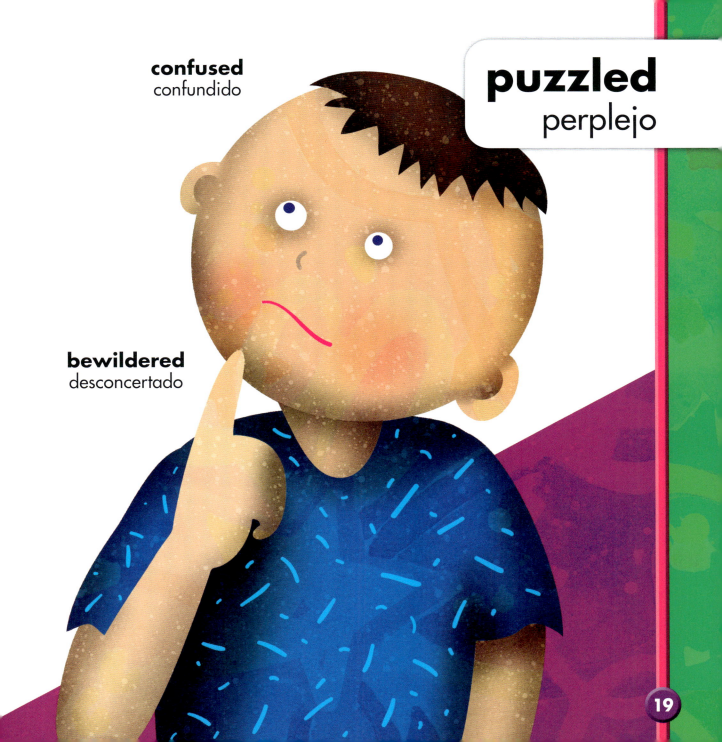

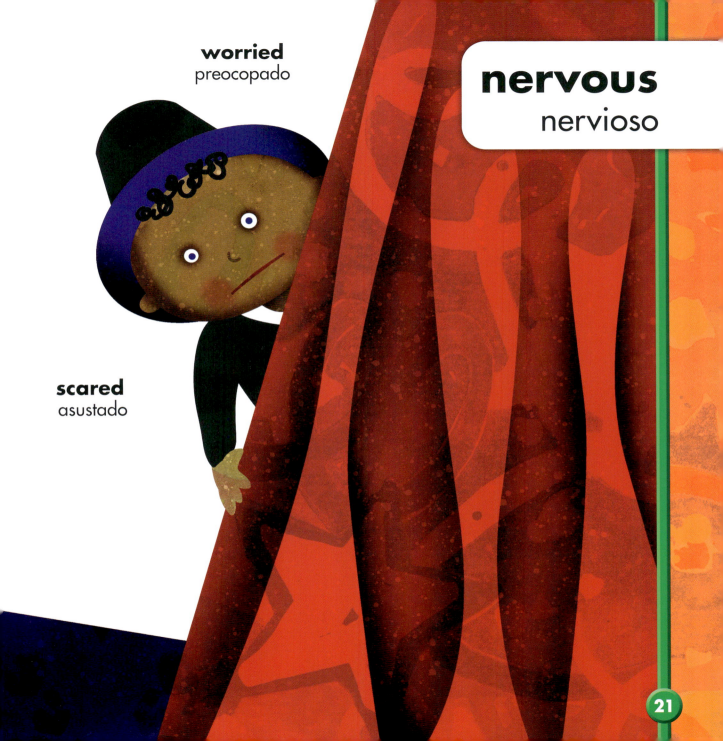

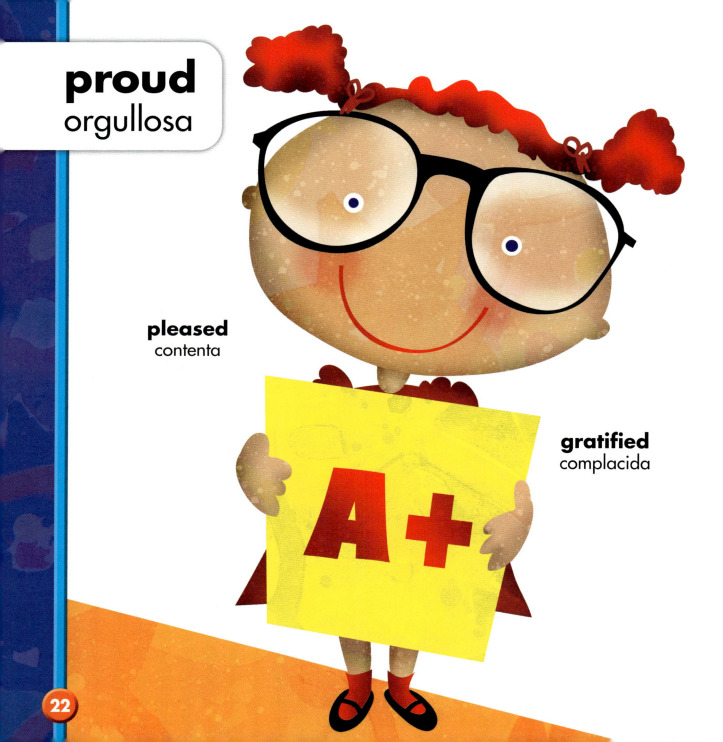

courageous
intrépido

brave
valiente

heroic
heroico

WORD LIST
lista de palabras

to be afraid	tener miedo		**heroic**	heroico
alarmed	aturdido		**to be hungry**	tener hambre
angry	enfadada		**hurt**	ofendida
anxious	ansioso		**impatient**	impaciente
to apologize	pedir perdón		**jealous**	celoso
appalled	horrorizado		**moody**	caprichosa
bashful	tímida		**nervous**	nervioso
bewildered	desconcertado		**panicked**	aterrado
brave	valiente		**pleased**	contenta
cheerful	alegre		**to pout**	hacer pucheros
confused	confundido		**proud**	orgullosa
content	contento		**puzzled**	perplejo
courageous	intrépidoa		**quiet**	callada
crazy	loca		**repulsive**	asqueroso
to cry	llorar		**resentful**	resentido
disgusted	repugnado		**ridiculous**	ridícula
drowsy	soñolienta		**sad**	triste
eager	inquieto		**satisfied**	satisfecho
ecstatic	extático		**scared**	asustado
enthusiastic	entusiasta		**shocked**	atónito
envious	envidioso		**shy**	tímida
excited	emocionado		**silly**	tonta
exhausted	agotada		**to skip**	saltar
famished	muerto de hambre		**to be sleepy**	tener sueño
fearful	temeroso		**smile**	la sonrisa
feelings	las emociones		**sorry**	arrepentida
frightened	asustado		**starving**	hambriento
frown	el ceño		**surprised**	sorprendido
frustrated	frustrada		**tears**	las lágrimas
funny	chistosa		**thrilled**	encantado
furious	furiosa		**tired**	cansada
glad	contenta		**upset**	trastornada
gratified	complacida		**worried**	preocopado
grumpy	malhumorada		**wounded**	herida
happy	feliz		**to yawn**	bostezar